Impressum
Verlag: BABADADA GmbH, Nedderfeld 112 , 22529 Hamburg
Geschäftsführer / Verlagsleitung: Harald Hof
Druck: Books on Demand GmbH, In de Tarpen 42, 22848 Norderstedt

Imprint
Publisher: BABADADA GmbH, Nedderfeld 112 , 22529 Hamburg, Germany
Managing Director / Publishing direction: Harald Hof
Print: Books on Demand GmbH, In de Tarpen 42, 22848 Norderstedt

escola
skole

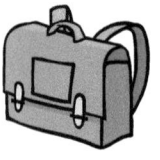

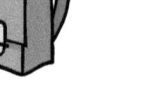

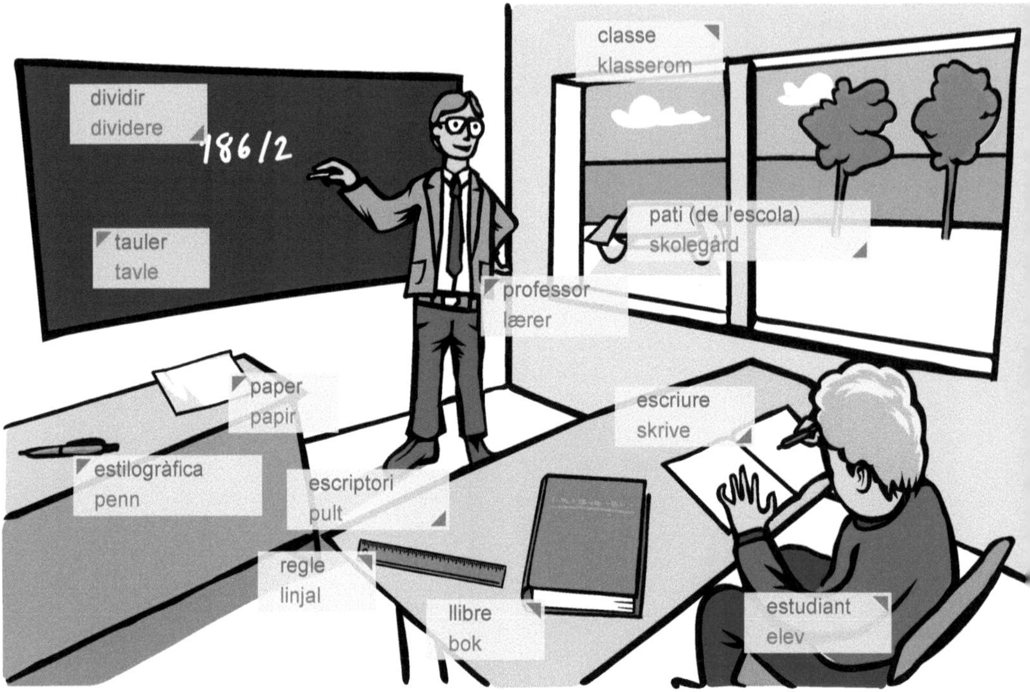

classe
klasserom
dividir
dividere
186/2
tauler
tavle
pati (de l'escola)
skolegård
professor
lærer
paper
papir
escriure
skrive
estilogràfica
penn
escriptori
pult
regle
linjal
llibre
bok
estudiant
elev

bossa
ransel

estoig
penal

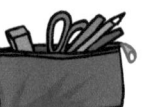

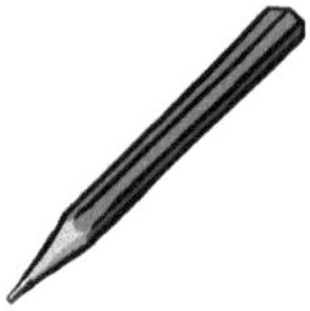

llapis
blyant

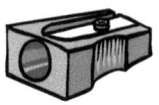

maquineta de fer punta
blyantspisser

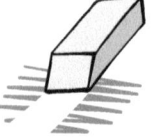

goma
viskelær

bloc de dibuix
tegneblokk

dibuix

tegning

pinzell

pensel

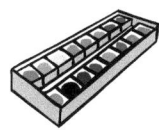

capsa de pintures

malerskrin

tisores

saks

cola

lim

quadern d'exercicis

arbeidsbok

deures

lekse

nombre

tall

afegir

addere

sostreure

subtrahere

multiplicar

multiplisere

calcular

regne

lletra

bokstav

alfabet

alfabet

mot

ord

text
tekst

llegir
lese

guix
kritt

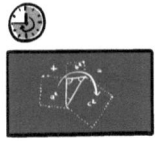

lliçó
skoletime

llibre de classe
klassebok

examen
eksamen

certificat
vitnemål

uniforme escolar
skoleuniform

formació
utdannelse

enciclopèdia
leksikon

universitat
universitet

microscopi
mikroskop

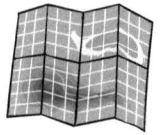

mapa
kart

paperera
papirkurv

hotel
hotell

Grand

alberg
pensjonat

ROOMS

oficina de canvi
vekslingskontor

EXCHANGE

maleta
koffert

automòbil
bil

llengua
språk

sí / no
ja / nei

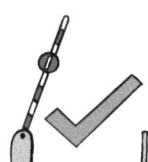

D'acord
okay

Ey!
Hei

traductora
tolk

gràcies
takk skal du ha

Quant costa... ?

Hva koster...?

No entenc

Jeg forstår ikke

problema

problem

Bona nit!

God kveld!

bon dia!

God morgen!

bona nit!

God natt!

fins aviat

ha det bra

direcció

retning

bagatge

bagasje

bossa

veske

sarrona

ryggsekk

convidat

gjest

cambra

rom

sac de dormir

sovepose

tenda

telt

oficina de turisme

turistinformasjon

platja

strand

carta de crèdit

kredittkort

esmorzar

frokost

dinar

lunsj

sopar

middag

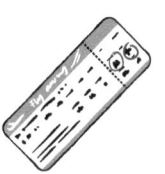

bitllet

billett

ascensor

heis

segell

stempel

frontera

grense

duana

toll

ambaixada

ambassade

visat

visum

passaport

pass

transport
transport

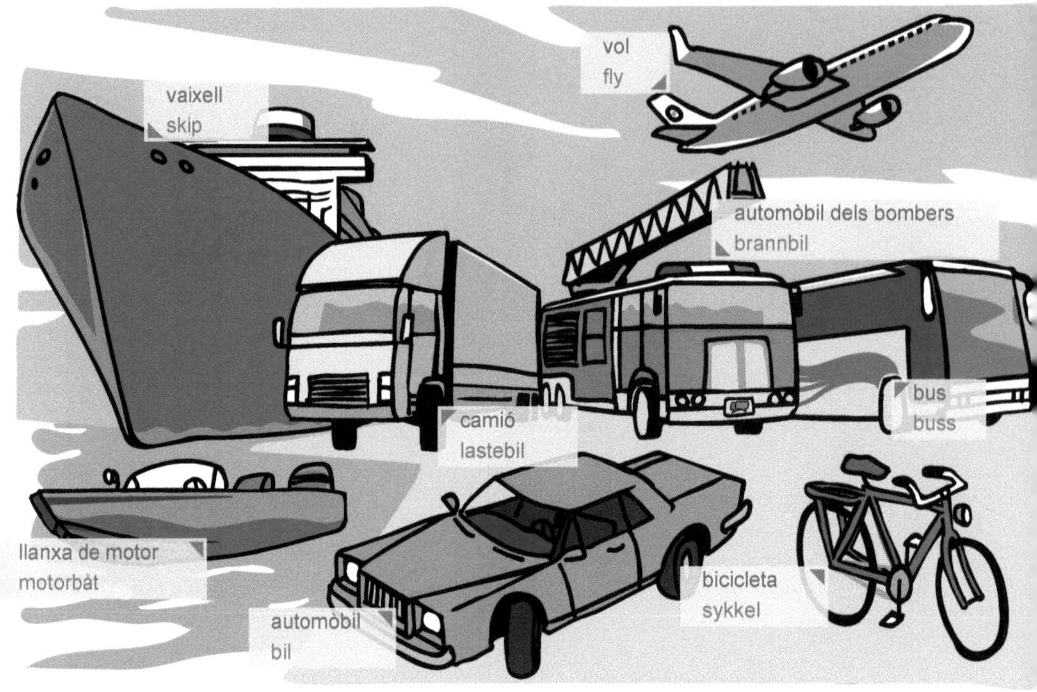
vol
fly
vaixell
skip
automòbil dels bombers
brannbil
bus
buss
camió
lastebil
llanxa de motor
motorbåt
bicicleta
sykkel
automòbil
bil

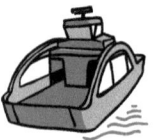

transbordador

ferge

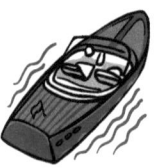

barca

båt

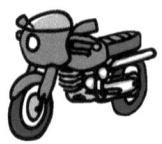

moto

motorsykkel

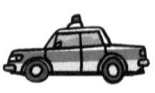

automòbil de policia

politibil

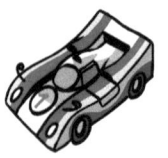

automòbil de curses

racerbil

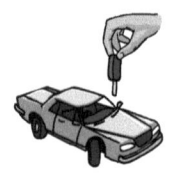

automòbil de lloguer

leiebil

vehicle compartit

bilkollektiv

grua

bergingsbil

camió de les escombraries

søppelbil

motor

motor

benzina

brennstoff

benzineria

bensinstasjon

senyal de trànsit

trafikkskilt

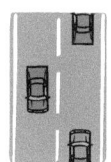

trànsit

trafikk

embús

trafikkork

aparcament

parkeringsplass

estació de trens

togstasjon

vies

skinne

tren

tog

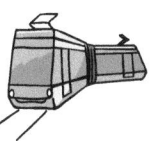

tramvia

trikk

vagó

vogn

helicòpter

helikopter

aeroport

flyplass

torre

tårn

passatger

passasjer

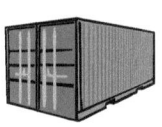

contenidor

konteiner

capsa de cartó

kartong

carretó

tralle

cistella

kurv

enlairar-se / aterrar

starte / lande

ciutat
by

poble

landsby

centre de la ciutat

sentrum

casa

hus

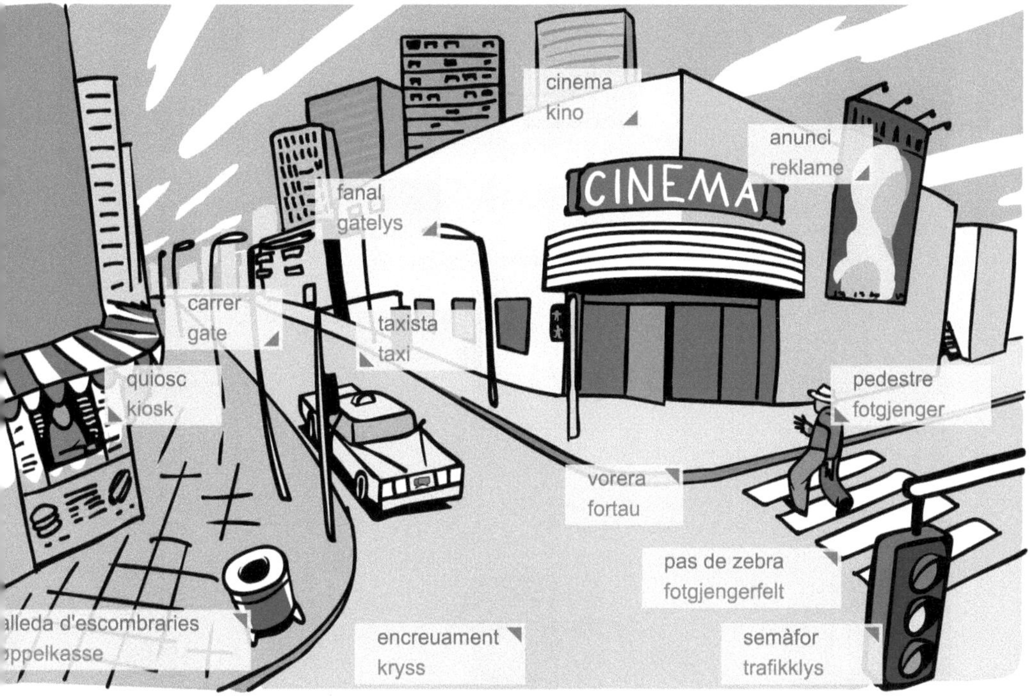

cinema
kino

anunci
reklame

fanal
gatelys

CINEMA

carrer
gate

taxista
taxi

pedestre
fotgjenger

quiosc
kiosk

vorera
fortau

pas de zebra
fotgjengerfelt

alleda d'escombraries
ppelkasse

encreuament
kryss

semàfor
trafikklys

cabana

hytte

apartament

leilighet

estació de trens

togstasjon

casa de la vila-ciutat

ràdhus

museu

museum

escola

skole

universitat

universitet

banca

bank

hospital

sykehus

hotel

hotell

farmàcia

apotek

oficina

kontor

llibreria

bokhandel

botiga

butikk

floristeria

blomsterbutikk

supermercat

matbutikk

mercat

marked

gran magatzem

varehus

peixateria

fiskehandler

centre comercial

kjøpesenter

port

havn

parc

park

banc

benk

pont

bro

escala

trapp

metro

t-bane

túnel

tunnel

parada d'autobús

busstopp

bar

bar

restaurant

restaurant

bústia de correu

postkasse

senyal indicador

gateskilt

parquímetre

parkometer

zoo

dyrehage

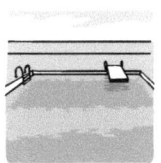

piscina

svømmebasseng

mesquita

moské

granja

bondegård

pol·lució

miljøforurensing

cementiri

kirkegård

església

kirke

parc infantil

lekeplass

temple

tempel

paisatge
landskap

fulla
blad

cartell indicador
veiviser

camí
vei

prat
eng

pedra
stein

arbre
tre

excursionista
turgåer

riu
elv

gespa
gress

flor
blomst

vall
....
dal

muntanya
....
fjell

llac
....
innsjø

bosc
....
skog

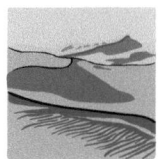

desert
....
ørken

volcà
....
vulkan

castell
....
slott

arc de Sant Martí
....
regnbue

bolet
....
sopp

palmera
....
palmetre

moscard
....
mygg

mosca
....
flue

formiga
....
maur

abella
....
bie

aranya
....
edderkopp

escarabat
bille

granota
frosk

esquirol
ekorn

eriçó
piggsvin

llebre
hare

òliba
ugle

ocell
fugl

cigne
svane

senglar
villsvin

cervo
hjort

ant
elg

presa
demning

turbina
vindturbin

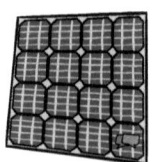

panell solar
solcellepanel

clima
klima

restaurant
restaurant

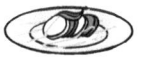

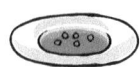

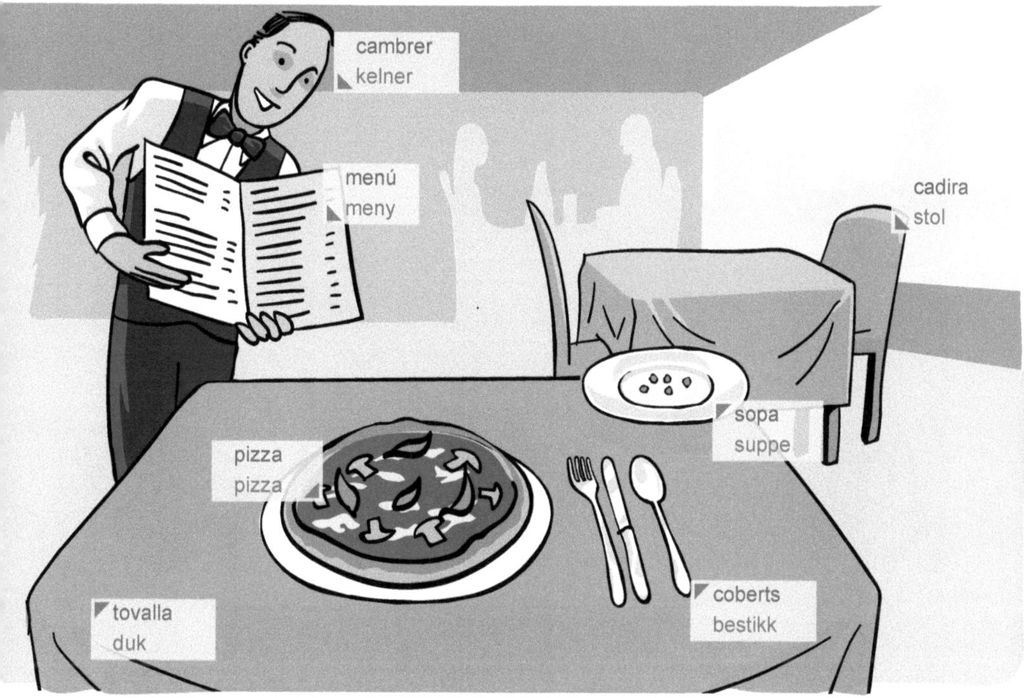
cambrer
kelner
menú
meny
cadira
stol
sopa
suppe
pizza
pizza
tovalla
duk
coberts
bestikk

primer plat

forrett

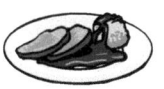

plat principal

hovedrett

darreries

dessert

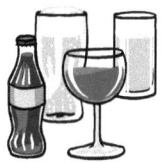

begudes

drikkevarer

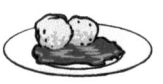

menjar

mat

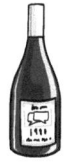

ampolla

flaske

menjar ràpid

hurtigmat

menjar de carrer

gatemat

tetera

tekanne

sucrer

sukkerskål

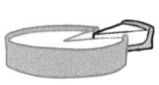

porció

porsjon

màquina d'espresso

espressomaskin

trona

barnestol

factura

regning

plata

brett

ganivet

kniv

forqueta

gaffel

cullera

skje

cullereta

teskje

tovalló

serviett

got

glass

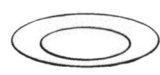

plat
tallerken

plat de sopa
suppetallerken

plateret
skål

salsa
saus

saler
saltbøsse

molinet de pebre
pepperkvern

vinagre
eddik

oli
olje

espècies
krydder

quètxup
ketchup

mostassa
sennep

maionesa
majones

supermercat
matbutikk

oferta especial
tilbud
FOR
client
kunde
productes lactis
meieriprodukt
fruites
frukt
carret de la compra
handlevogn

BUTCHERS

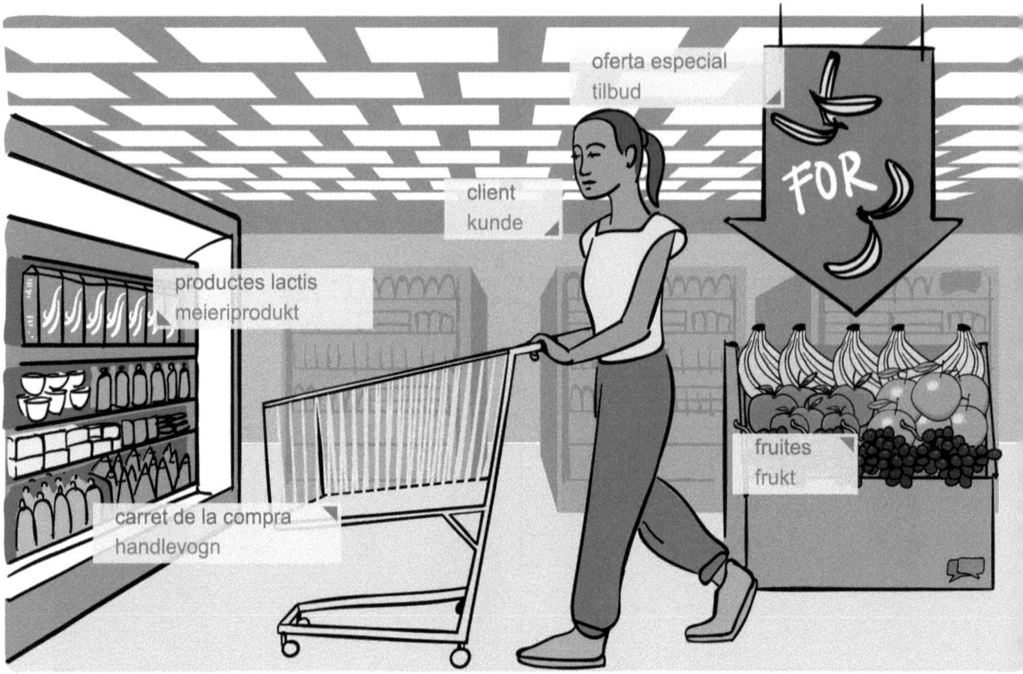

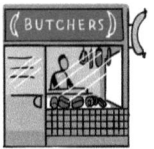

carnisseria

slakter

BAKERY

forn de pa

bakeri

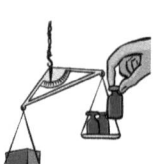

pesar

veie

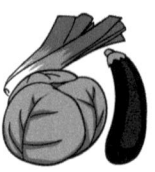

verdures

grønnsaker

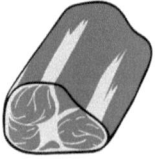

carn

kjøtt

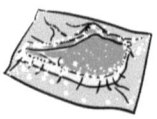

menjar congelat

frysevarer

carn freda
oppskåret pålegg

conserves
hermetikk

detergent en pols
vaskepulver

dolços
godteri

articles domèstics
husholdningsprodukter

productes de neteja
rengjøringsmidler

venedora
butikkmedarbeider

caixa registradora
kassaapparat

caixera
kasserer

llista de la compra
handleliste

horari d'obertura
åpningstider

portamonedes
lommebok

carta de crèdit
kredittkort

bossa
veske

bossa de plàstic
plastpose

aigua

vann

suc

juice

llet

melk

coca-cola

cola

vi

vin

cervesa

øl

alcohol

alkohol

cacau

kakao

te

te

cafè

kaffe

espresso

espresso

cappuccino

cappuccino

banana

banan

poma

eple

taronja

appelsin

síndria

melon

llimona

sitron

pastanaga

gulrot

all

hvitløk

bambú

bambus

ceba

løk

bolet

sopp

avellanes

nøtter

fideus

nudler

espaguetis

spagetti

arròs

ris

amanida

salat

patates fregides

pommes frites

patates fregides

stekte poteter

pizza

pizza

hamburguesa

hamburger

entrepà

sandwich

escalopa

biff

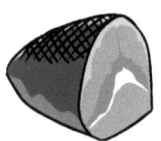

cuixot

skinke

salami

salami

salsitxa

pølse

pollastre

kylling

rostit

stek

peix

fisk

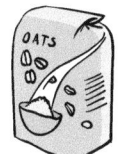

flocs de civada

havregryn

musli

müsli

cereals

cornflakes

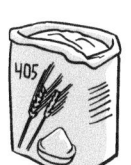

farina

mel

croissant

croissant

panet

rundstykke

pa

brød

torrada

ristet brød

bescuits

kjeks

mantega

smør

mató

kvarg

pastís

kake

ou

egg

ou fregit

speilegg

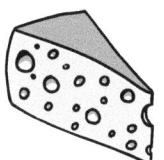

formatge

ost

gelat

iskrem

sucre

sukker

mel

honning

melmelada

syltetøy

crema de xocolata

sjokoladepålegg

curri

karri

granja
bondegård

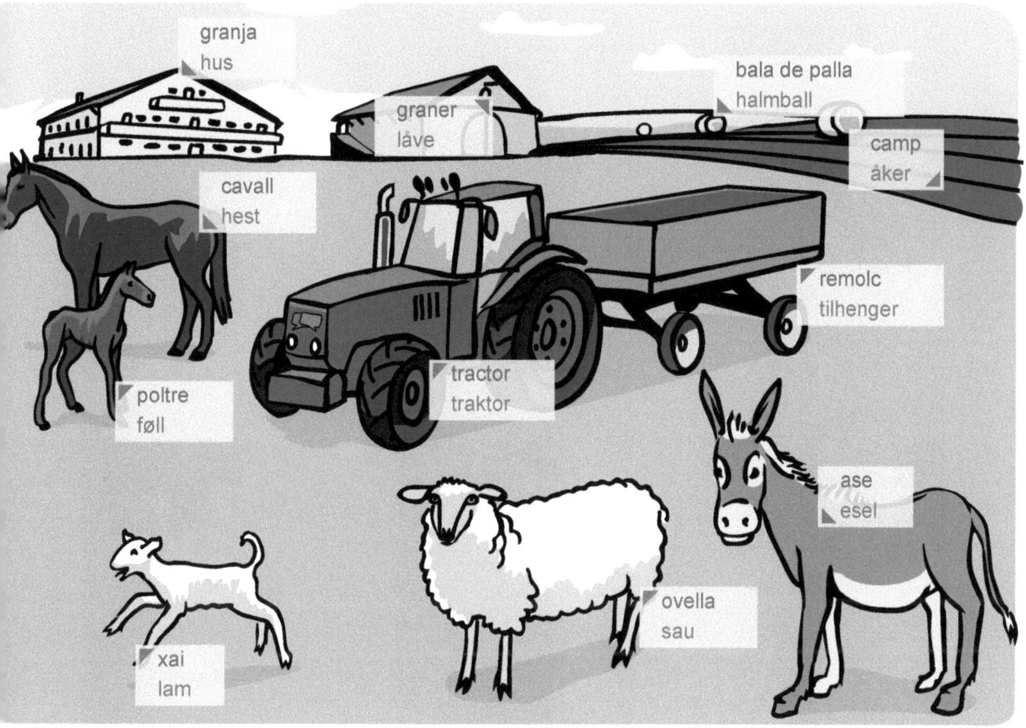
granja
hus
graner
låve
bala de palla
halmball
camp
åker
cavall
hest
remolc
tilhenger
tractor
traktor
poltre
føll
ase
esel
ovella
sau
xai
lam

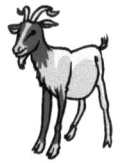

cabra
geit

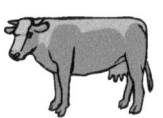

vaca
ku

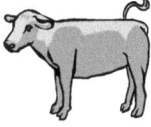

vedella
kalv

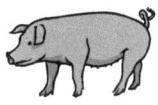

porc
gris

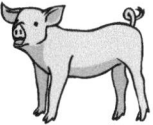

garrí
grisunge

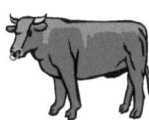

bou
okse

oca

gås

ànec

and

poll

kylling

gall

høne

gallina

hane

rata

rotte

gat

katt

ratolí

mus

bou

okse

gos

hund

gossera

hundehus

mànega de regar

hageslange

regadora

vannkanne

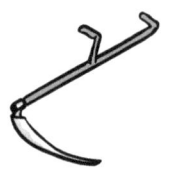

dalla

ljå

arada

plog

falç
sigd

aixada
hakke

forca
høygaffel

destral
øks

carretó
trillebår

abeurador
trau

lletera
melkekanne

sac
sekk

tanca
gjerde

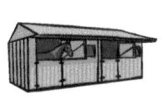

establa
fjøs

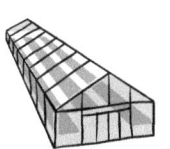

hivernacle
drivhus

sòl
jord

llavor
frø

adob
gjødsel

collidora
skurtresker

collir

høste

collita

innhøsting

nyam

yams

blat

hvete

soja

soja

patata

potet

blat de moro o d'indi

mais

colza

raps

arbre fruiter

frukttre

mandioca

kassava

cereals

korn

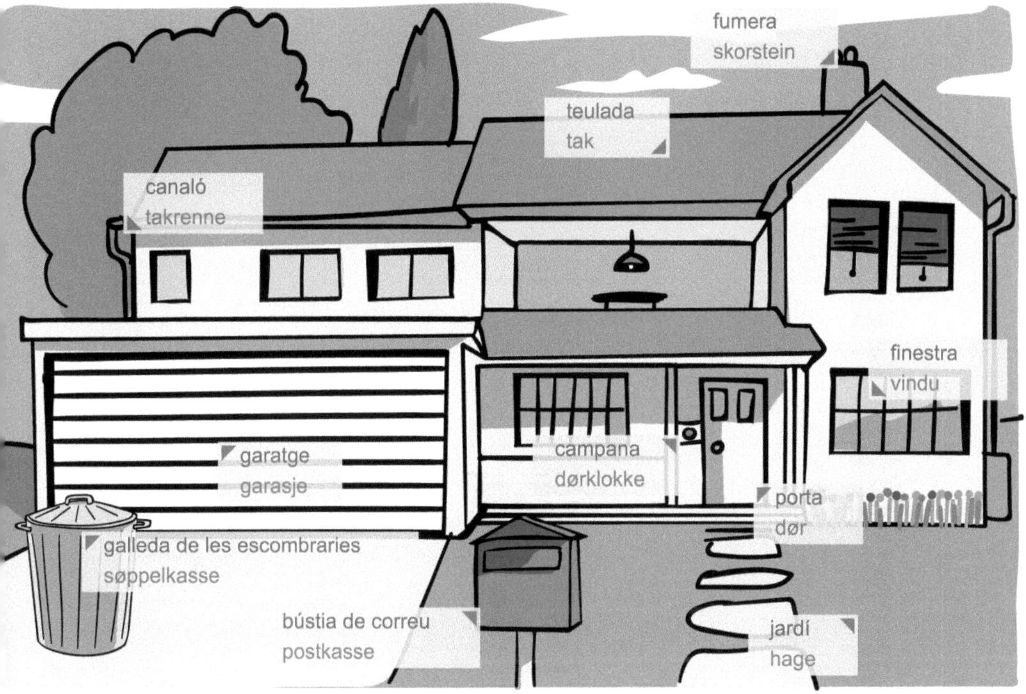

fumera
skorstein

teulada
tak

canaló
takrenne

finestra
vindu

garatge
garasje

campana
dørklokke

porta
dør

galleda de les escombraries
søppelkasse

bústia de correu
postkasse

jardí
hage

sala d'estar
stue

bany
bad

cuina
kjøkken

cambra de dormir
soverom

cambra de nen
barnerom

menjador
spisestue

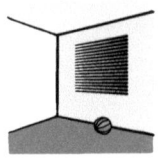

sòl
gulv

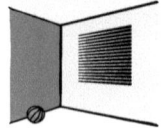

paret
vegg

sostre
tak

soterrani
kjeller

sauna
badstue

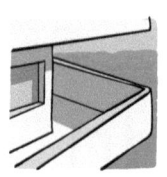

balcó
balkong

terrassa
terrasse

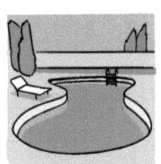

piscina
svømmebasseng

tallagespa
gressklipper

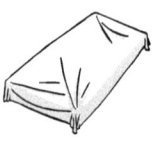

vànova
laken

cobrellit
dyne

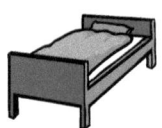

llit
seng

escombra
kost

galleda
bøtte

interruptor
bryter

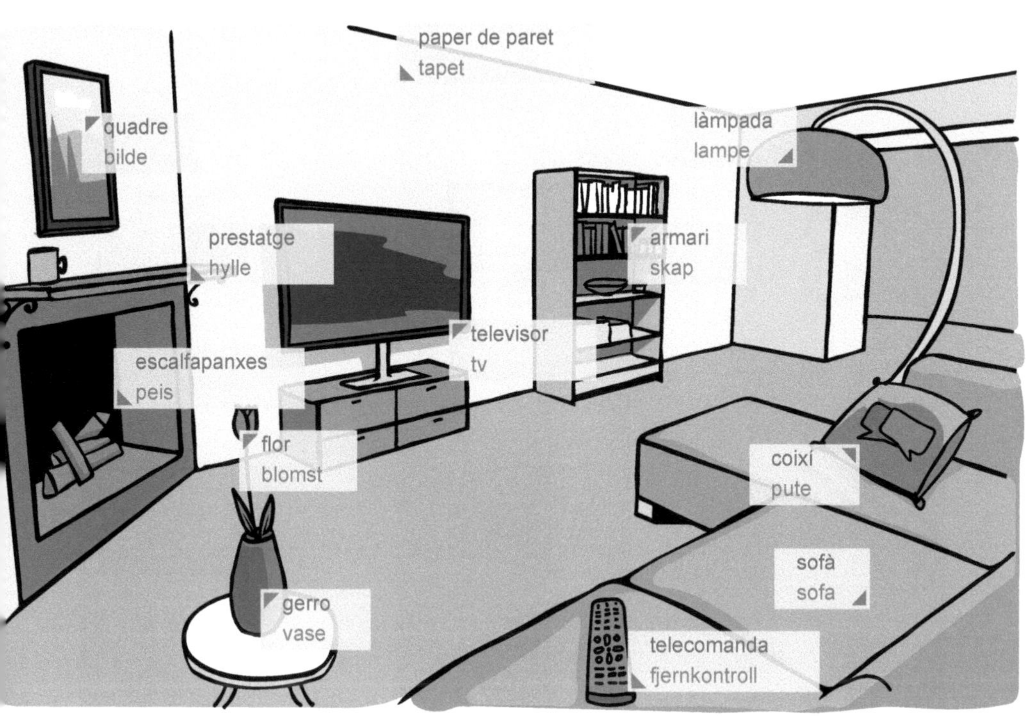

paper de paret
tapet

quadre
bilde

làmpada
lampe

prestatge
hylle

armari
skap

escalfapanxes
peis

televisor
tv

flor
blomst

coixí
pute

gerro
vase

sofà
sofa

telecomanda
fjernkontroll

catifa
gulvteppe

cortina
gardin

taula
bord

cadira
stol

cadira gronxadora
gyngestol

cadiral
lenestol

llibre

bok

llençol

teppe

decoració

dekorasjon

llenya

ved

film

film

cadena de música

stereoanlegg

clau

nøkkel

diari

avis

pintura

maleri

cartell

plakat

ràdio

radio

bloc de notes

notatblokk

aspiradora

støvsuger

cactus

kaktus

candela

lys

cuina
kjøkken

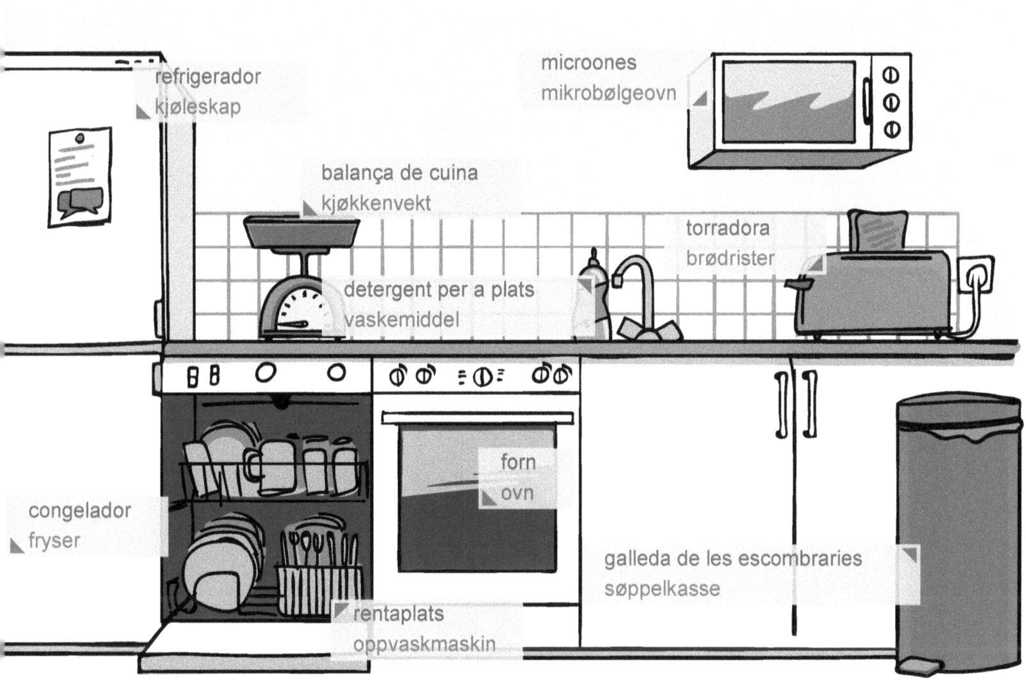

refrigerador
kjøleskap
microones
mikrobølgeovn
balança de cuina
kjøkkenvekt
torradora
brødrister
detergent per a plats
vaskemiddel
forn
ovn
congelador
fryser
galleda de les escombraries
søppelkasse
rentaplats
oppvaskmaskin

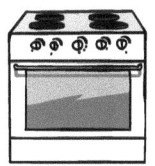

cuina de fogons

komfyr

olla

gryte

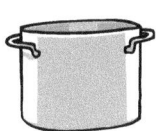

olla de ferro colat

jerngryte

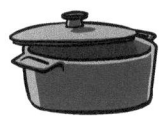

wok / karahi

wokpanne

paella

panne

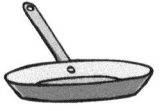

bullidor

vannkoker

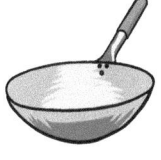

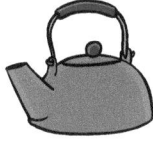

olla de vapor

dampovn

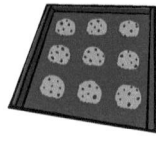

plata de forn

stekebrett

vaixella

servise

tassa grossa

krus

bol

bolle

bastonets xinesos

spisepinner

culler

øse

espàtula

stekespade

batedor

visp

colador

sil

sedàs

sil

ratllador

rivjern

morter

mørtel

barbacoa

grill

foc a terra

bål

taula de tallar

skjærefjøl

corró

kjevle

llevataps

korketrekker

pot de conserva

boks

obridor

boksåpner

agafador

gryteklut

aigüera

vask

raspall

børste

esponja

svamp

batedora

blender

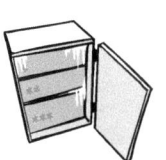

congelador

fryseboks

biberó

tåteflaske

aixeta

kran

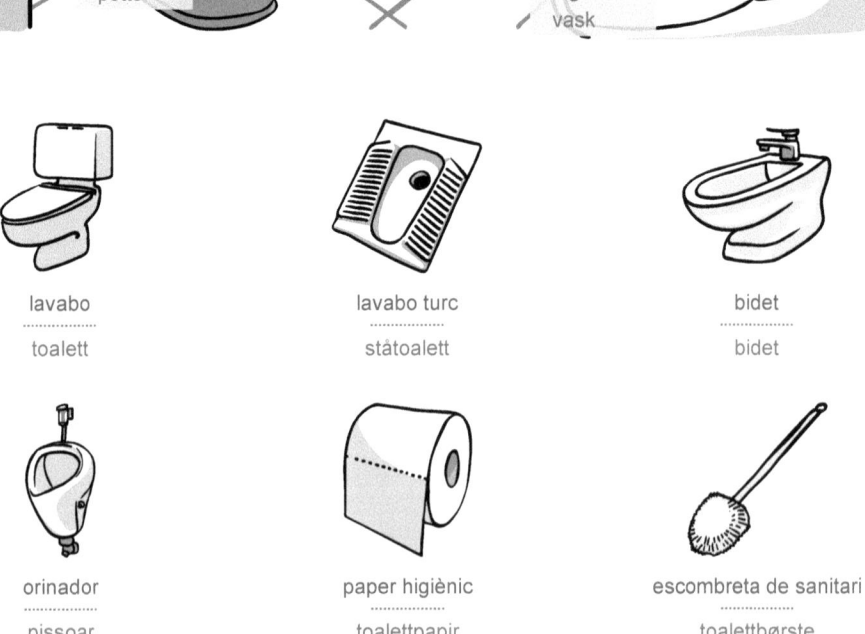

calefacció
varme

dutxa
dusj

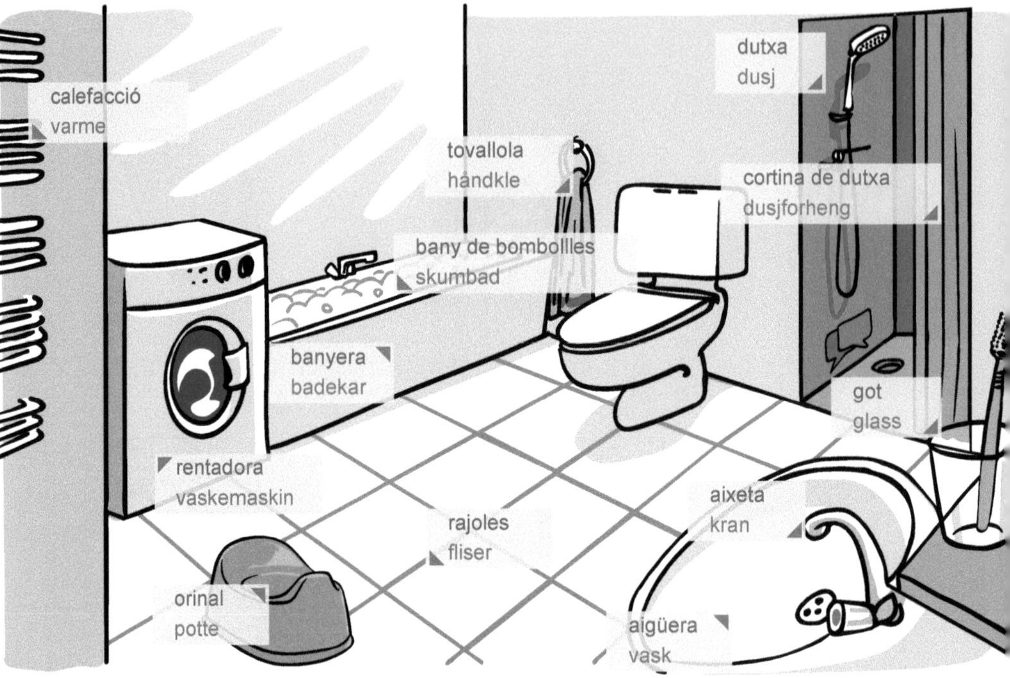

tovallola
håndkle

cortina de dutxa
dusjforheng

bany de bombollles
skumbad

banyera
badekar

got
glass

rentadora
vaskemaskin

aixeta
kran

rajoles
fliser

orinal
potte

aigüera
vask

lavabo	lavabo turc	bidet
toalett	ståtoalett	bidet
orinador	paper higiènic	escombreta de sanitari
pissoar	toalettpapir	toalettbørste

raspall de dents

tannbørste

pasta de dents

tannkrem

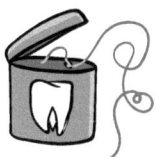

fil dental

tanntråd

rentar

vaske

pom de dutxa

hånddusj

dutxa íntima

intimdusj

rentamans

oppvaskbalje

raspall per a l'esquena

ryggbørste

sabó

såpe

gel de dutxa

dusjsåpe

xampú

sjampo

manyopla de bany

vaskeklut

bonera

avløp

crema

krem

desodorant

deodorant

mirall

speil

mirall-espill de mà

håndspeil

maquineta de rasar

barberhøvel

espuma de barbejar

barberskum

loció post-rasada

barberingsvann

pinta

kam

raspall

børste

eixugador

hårføner

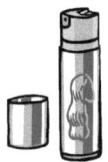

laca

hårspray

maquillatge

sminke

pintallavis

lebestift

esmalt d'ungles

neglelakk

cotó

bomullsdott

tallaungles

neglesaks

perfum

parfyme

estoig de bellesa

toalettmappe

tamboret

krakk

bàscula

vekt

barnús

badekåpe

guants de goma

gummihansker

compresa higiènica

tampong

compresa

sanitetsbind

sanitari químic

kjemisk toalett

cambra de nen
barnerom

despertador
vekkerklokke
animal de peluix
kosedyr
auto de joguina
lekebil
sonall
rangle
casa de nines
dukkehus
present
gave

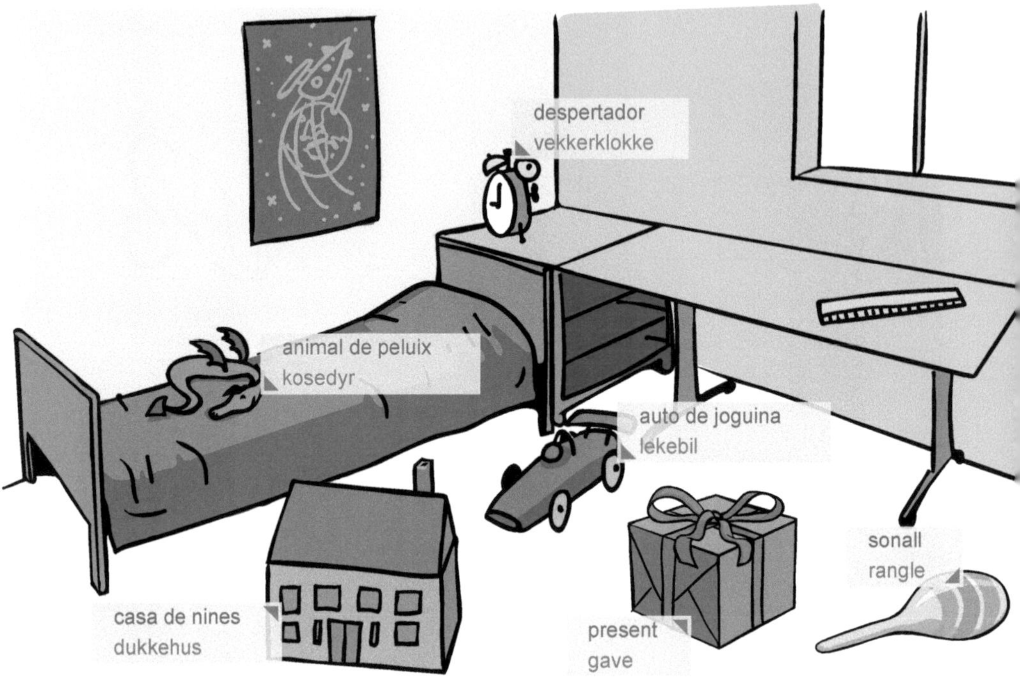

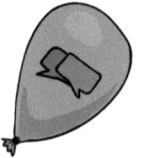

baló

ballong

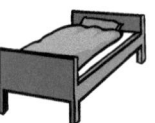

llit

seng

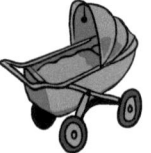

cotxet per a nens

barnevogn

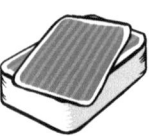

joc de cartes

kortstokk

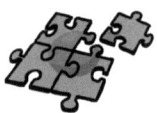

trencaclosca

puslespill

SUPER
MEGA

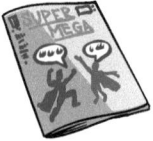

historieta

tegneserie

peces de lego

lego klosser

peces de construcció

byggeklosser

ninot d'acció

actionfigur

granota

sparkebukse

frisbee

frisbee

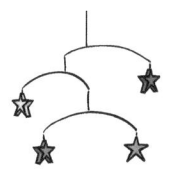

mòbil per a bressol

uro

joc de taula

brettspill

daus

terning

tren elèctric

togbane

xumet

smokk

festa

fest

llibre de dibuixos

bildebok

pilota

ball

nina

dukke

jugar

leke

sorrera

sandkasse

gronxador

gynge

joguines

leketøy

consola de jocs de vídeo

spillekonsoll

tricicle

trehjulssykkel

osset de peluix

bamse

armari

garderobeskap

roba

klær

mitjons

sokker

mitges

strømper

mitja pantaló

strømpebukse

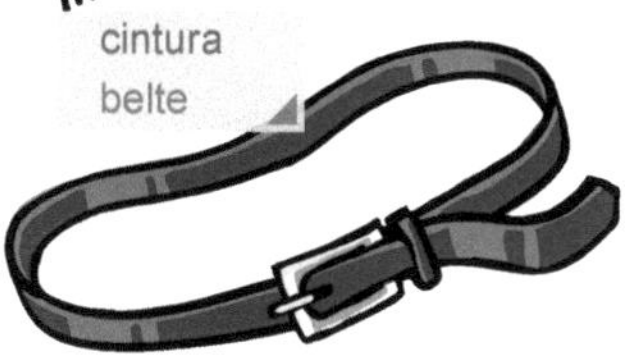

tapacoll
skjerf

paraigua
paraply

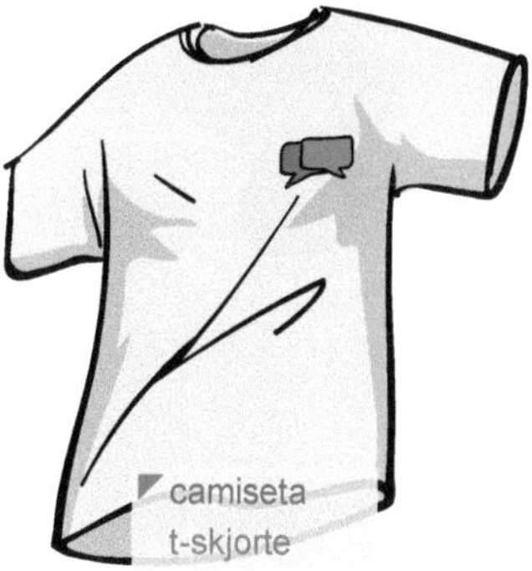

cintura
belte

camiseta
t-skjorte

botes
støvler

plantofes
tøfler

sabates d'esport
sneakers

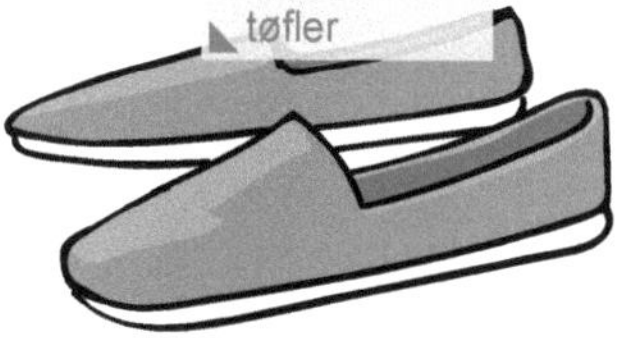

sandàlies
....
sandaler

sabates
....
sko

botes de goma
....
gummistøvler

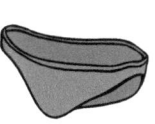

calçonets
....
underbukse

sostenidor
....
BH

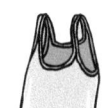

guardapits
....
undertrøye

jjustacòs

body

pantalons

bukse

jeans

dongeribukse

faldeta

skjørt

brusa

bluse

camisa

skjorte

jersei

genser

dessuadora

hettegenser

blazer

dressjakke

jaqueta

jakke

mantell

kåpe

impermeable

regnjakke

vestit de dona

drakt

vestit de dona

kjole

vestit de núvia

brudekjole

vestit d'home

dress

camisa de dormir

nattkjole

pijama

pyjamas

sari

sari

mocador de cap

skaut

turbant

turban

burca

burka

caftan

kaftan

abaia

abaya

vestit de bany

badedrakt

calçon(et)s de bany

badebukse

pantalons curts

shorts

xandall

treningsklær

davantal

forkle

guants

handske

botó

knapp

ulleres

brille

braçalet

armbånd

collaret

kjede

anell

ring

orellera

øredobb

casquet

lue

penjador

kleshenger

capell

hatt

corbata

slips

cremallera

glidelås

casc

hjelm

elàstics

bukseseler

uniforme escolar

skoleuniform

uniforme

uniform

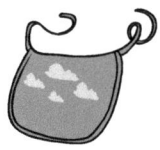

pitet

smekke

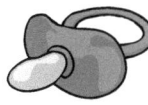

xumet

smokk

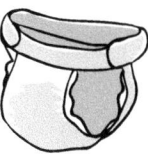

bolquer

bleie

oficina

kontor

servidor
server
armari arxivador
arkivskap
impressora
skriver
paper
papir
monitor
skjerm
escriptori
pult
ratolí
mus
arxivador
perm
teclat
tastatur
paperera
papirkurv
ordinador
datamaskin
cadira
stol

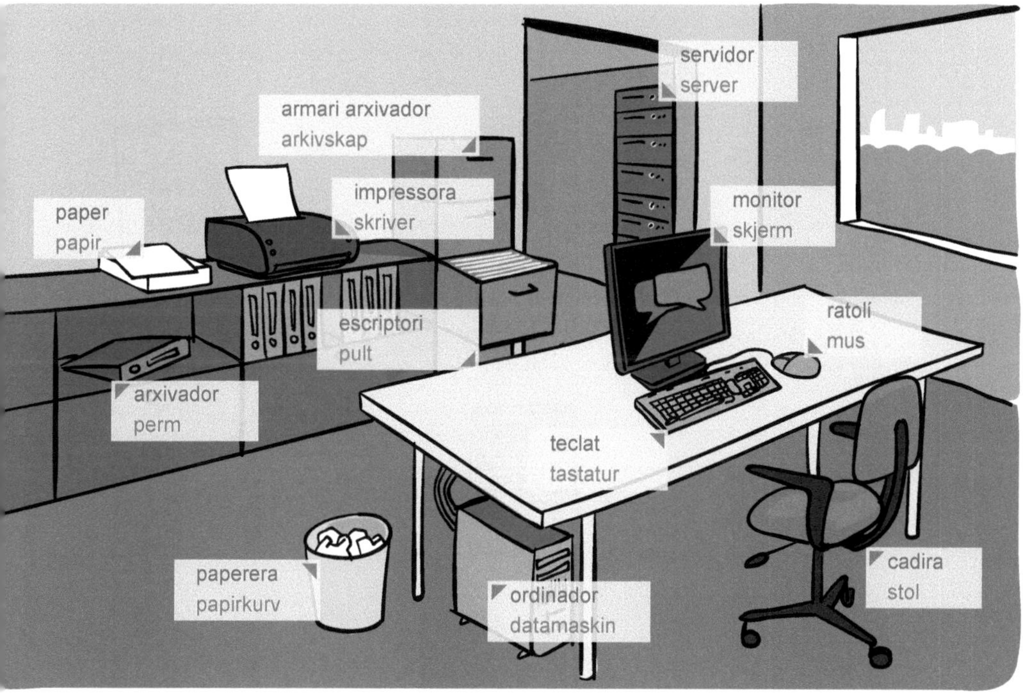

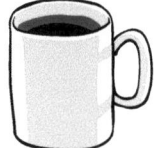

tassa de cafè

kaffekopp

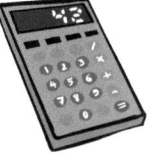

calculadora

kalkulator

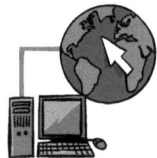

Internet

internett

ordinador portàtil

bærbar pc

lletra

brev

missatge

beskjed

mòbil

mobiltelefon

xarxa

nettverk

fotocopiadora

kopimaskin

programari

programvare

telèfon

telefon

presa de corrent

stikkontakt

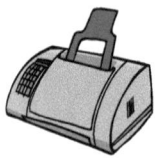

fax

faksmaskin

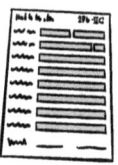

formulari

skjema

document

dokument

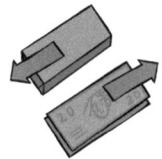

comprar

kjøpe

pagar

betale

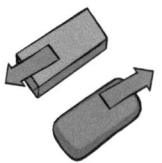

comerciar

handle

diners

penger

USD

dòlar

dollar

EUR

euro

euro

JPY

ien

yen

RUB

ruble

rubel

CHF

franc suís

sveitserfranc

CNY

renminbi

renminbi

INR

rupia

rupi

caixa automàtica

minibank

oficina de canvi

vekslingskontor

or

gull

argent

sølv

petroli

olje

energia

energi

preu

pris

contracte

kontrakt

impost

avgift

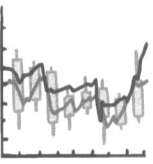

acció

aksje

treballar

jobbe

treballador

ansatt

empresari

arbeitsgiver

fàbrica

fabrikk

botiga

butikk

oficial de policia
politibetjent

bomber
brannmann

cuiner
kokk

doctora
lege

pilot
pilot

jardiner
....
gartner

fuster
....
snekker

costurera
....
syerske

jutge
....
dommer

química
....
kjemiker

actor
....
skuespiller

conductor d'autobús

bussjåfør

taxista

taxisjåfør

pescador

fisker

dona de la neteja

vaskedame

ensostrador

taktekker

cambrer

kelner

caçador

jeger

pintor

maler

forner

baker

electricista

elektriker

obrer de la construcció

bygningsarbeider

enginyer

ingeniør

carnisser

slakter

llanterner

rørlegger

correu

postbud

soldat

soldat

arquitecte

arkitekt

caixera

kasserer

florista

blomsterhandler

perruquer

frisør

revisor

konduktør

mecànic

mekaniker

capità

kaptein

dentista

tannlege

científic

forsker

rabí

rabbi

imam

imam

monjo

munk

capellà

prest

eines
verktøy

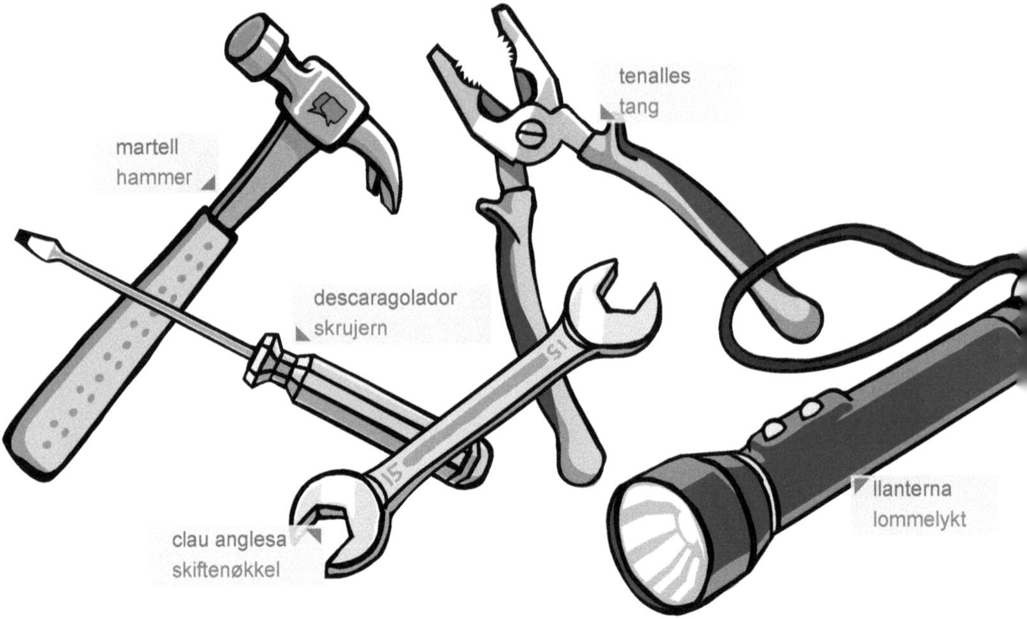

tenalles
tang
martell
hammer
descaragolador
skrujern
llanterna
lommelykt
clau anglesa
skiftenøkkel

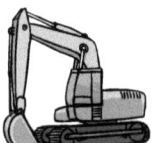

excavadora

gravemaskin

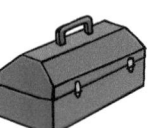

caixa d'eines

verktøykasse

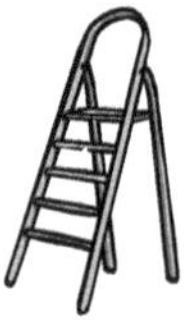

escala

stige

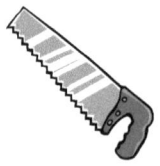

serra

sag

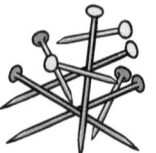

claus

spiker

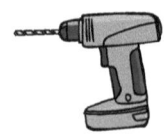

trepant

bor

reparar

reparere

pala

spade

Maleït siga!

Søren!

pala

feiebrett

pot de pintura

malingsspann

caragols

skruer

instrument de música
musikkinstrument

bateria
trommesett

altaveu
høyttaler

contrabaix
kontrabass

trompeta
trompet

guitarra
gitar

piano

piano

violí

fiolin

baix

bass

timbal

pauke

tambor

trommer

teclat

keyboard

saxofon

saksofon

flauta

fløyte

micròfon

mikrofon

zoo

dyrehage

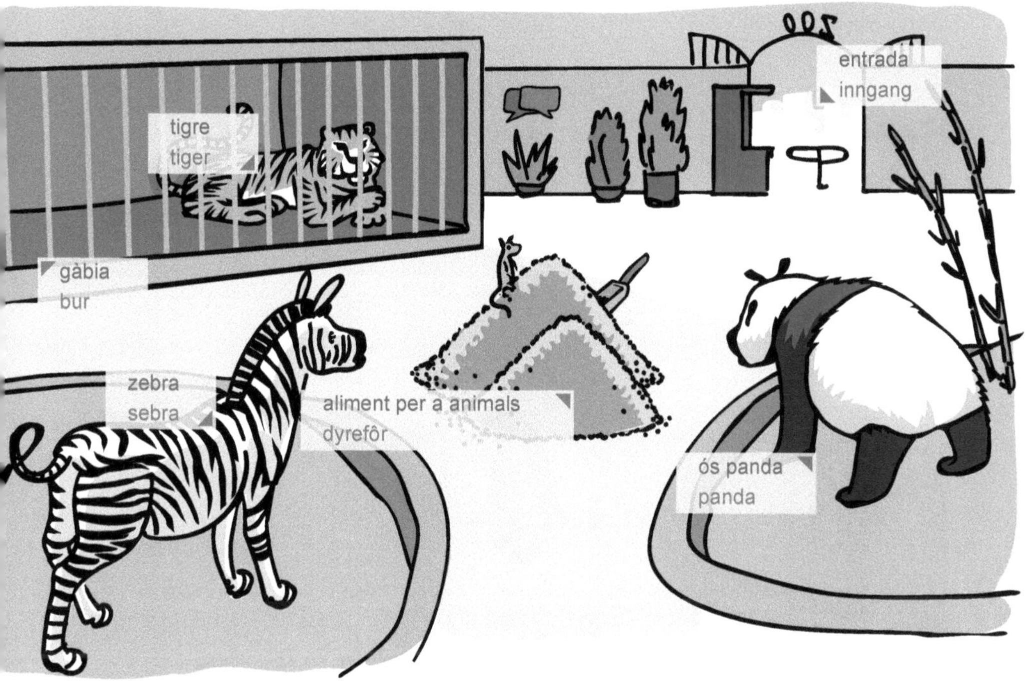
entrada
inngang
tigre
tiger
gàbia
bur
zebra
sebra
aliment per a animals
dyrefôr
ós panda
panda

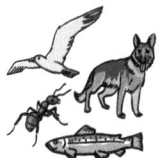

animals

dyr

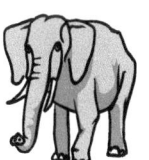

elefant

elefant

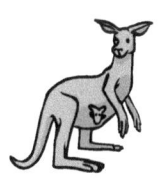

cangurú

kenguru

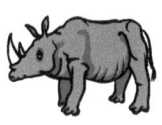

rinoceront

neshorn

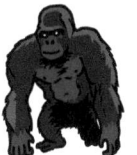

goril·la

gorilla

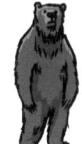

ós

bjørn

camell

kamel

estruç

struts

lleó

løve

simi

ape

flamenc

flamingo

papagai

papegøye

ós polar

isbjørn

pingüí

pingvin

ca mari

hai

paó

påfugl

serp

slange

cocodril

krokodille

guardià del zoo

dyrepasser

foca

sel

jaguar

jaguar

poni

ponni

lleopard

leopard

hipopòtam

flodhest

girafa

giraff

àliga

ørn

senglar

villsvin

peix

fisk

tortuga

skilpadde

morsa

hvalross

guineu

rev

gasela

gaselle

zoo - dyrehage

futbol americà
amerikansk fotball

ciclisme
sykling

tenis
tennis

bàsquet
basketball

natació
svømming

boxa
boksing

hoquei sobre gel
ishockey

futbol americà
fotball

bàdminton
badminton

atletisme
friidrett

handbol
håndball

esquí
stå på ski

polo
polo

saltar
hoppe

abraçar
klemme

riure
le

anar
gå

cantar
synge

somiar
drømme

pregar
be

fer un petó
kysse

escriure
skrive

dibuixar
tegne

mostrar
vise

pitjar
trykke

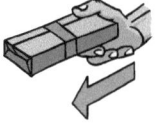

donar
gi

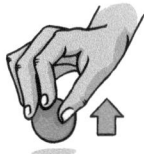

prendre
ta

activitats - aktiviteter

tenir

ha

fer

gjøre

ésser

være

estar dret

stå

córrer

løpe

estirar

dra

llançar

kaste

caure

falle

jeure

ligge

esperar

vente

portar

bære

asseure's

sitte

vestir-se

kle på

dormir

sove

despertar-se

våkne

mirar

se på

plorar

gråte

amoixar

stryke

pentinar

gre

parlar

snakke

comprendre

forstå

demanar

spørre

escoltar

høre

beure

drikke

menjar

spise

endreçar

rydde

estimar

elske

cuinar

lage mat

conduir

kjøre

volar

fly

navegar

seile

calcular

regne

llegir

lese

aprendre

lære

treballar

jobbe

casar-se

gifte seg

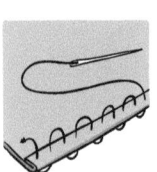

cosir

sy

raspallar-se les dents

pusse tenner

matar

drepe

fumar

røyke

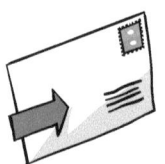

enviar

sende

família
familie

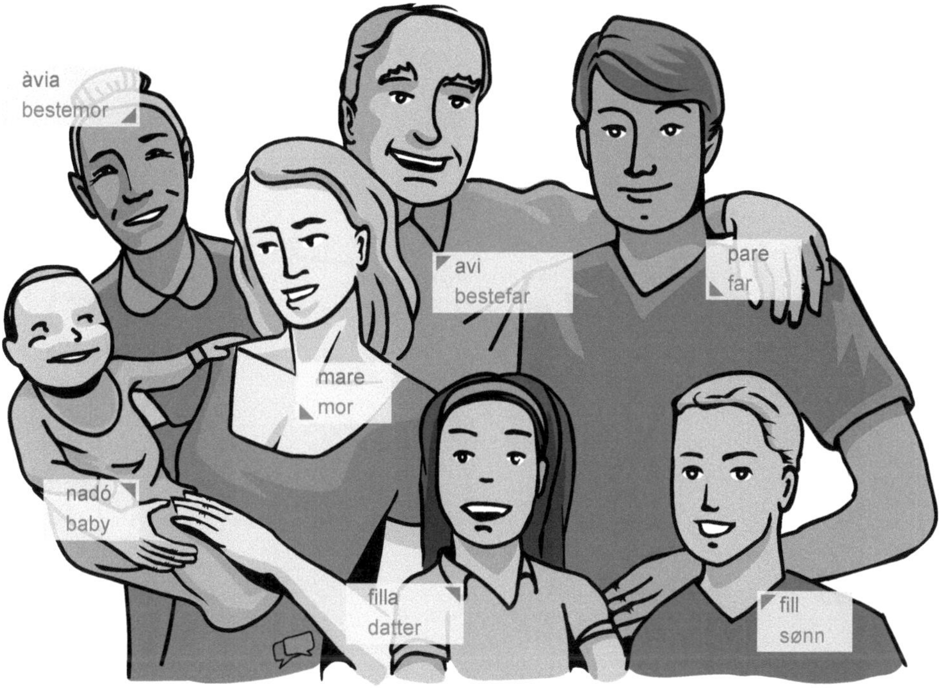
àvia
bestemor
avi
bestefar
pare
far
mare
mor
nadó
baby
filla
datter
fill
sønn

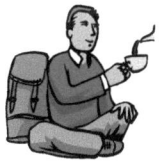

convidat
gjest

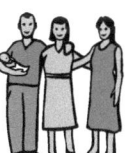

tia
tante

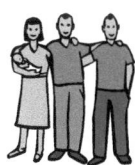

oncle
onkel

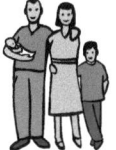

germà
bror

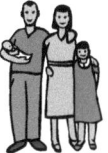

germana
søster

cos

kropp

front
panne
ull
øye
espatlla
skulder
dit
finger
cara
fjes
barbeta
hake
mà
hånd
cama
ben
pit
bryst
braç
arm

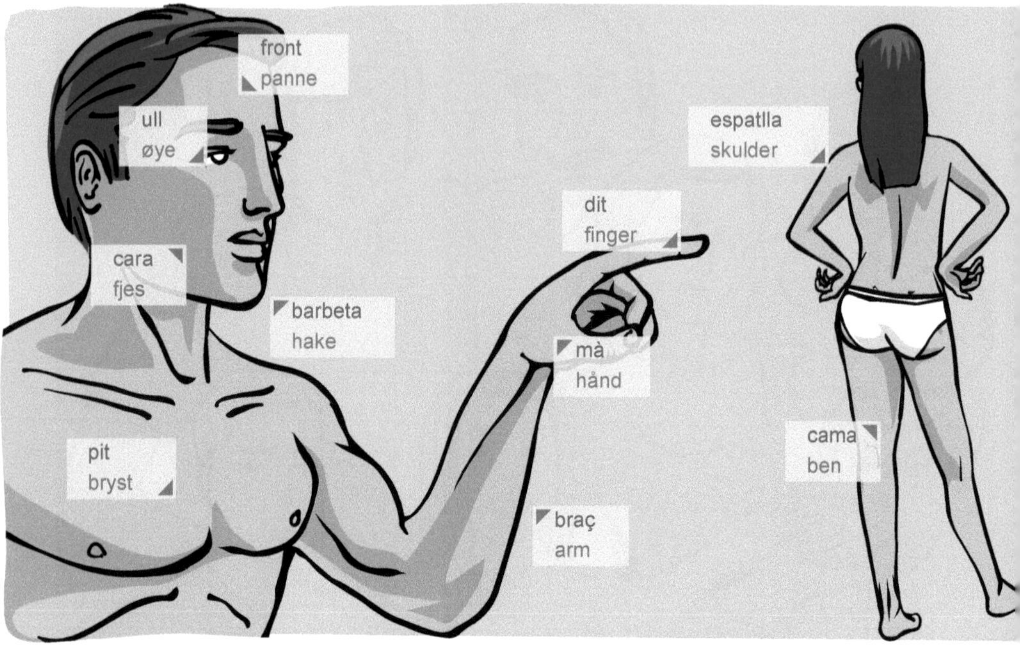

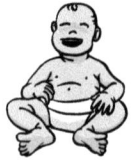

nadó

baby

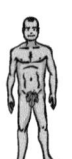

home

mann

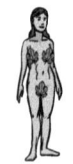

dona

kvinne

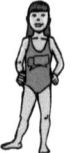

noia

jente

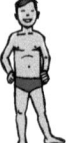

noi

gutt

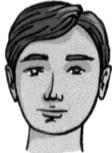

cap

hode

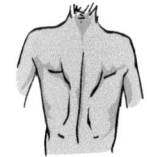

esquena

rygg

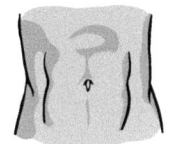

panxa

mage

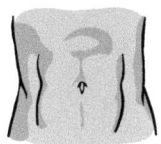

melic

navle

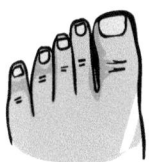

dit gros del peu

tå

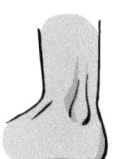

taló

hæl

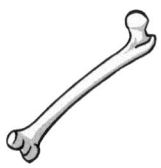

os

bein

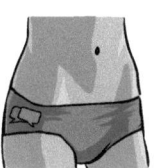

maluc

hofte

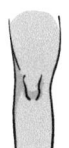

genoll

kne

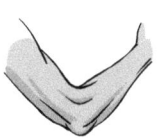

colze

albue

nas

nese

cul

rumpe

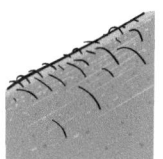

pell

hud

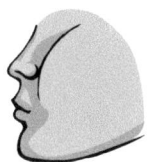

galta

kinn

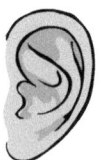

orella

øre

llavi

leppe

boca
munn

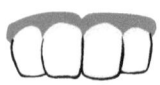

dent
tann

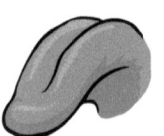

llengua
tunge

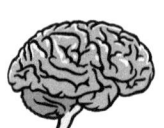

cervell
hjerne

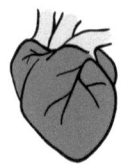

cor
hjerte

múscul
muskel

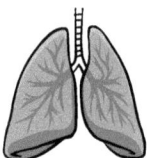

pulmó
lunge

fetge
lever

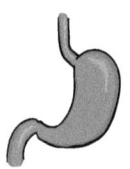

estómac
magesekk

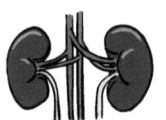

ronyó
nyrer

relació sexual
samleie

preservatiu
kondom

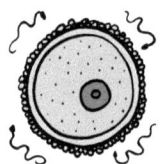

ovari
eggcelle

semen
sæd

prenyat
graviditet

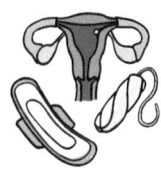

menstruació
menstruasjon

vagina
vagina

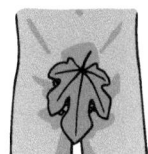

penis
penis

cella
øyenbryn

cabells
hår

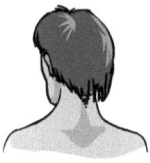

coll
hals

hospital

sykehus

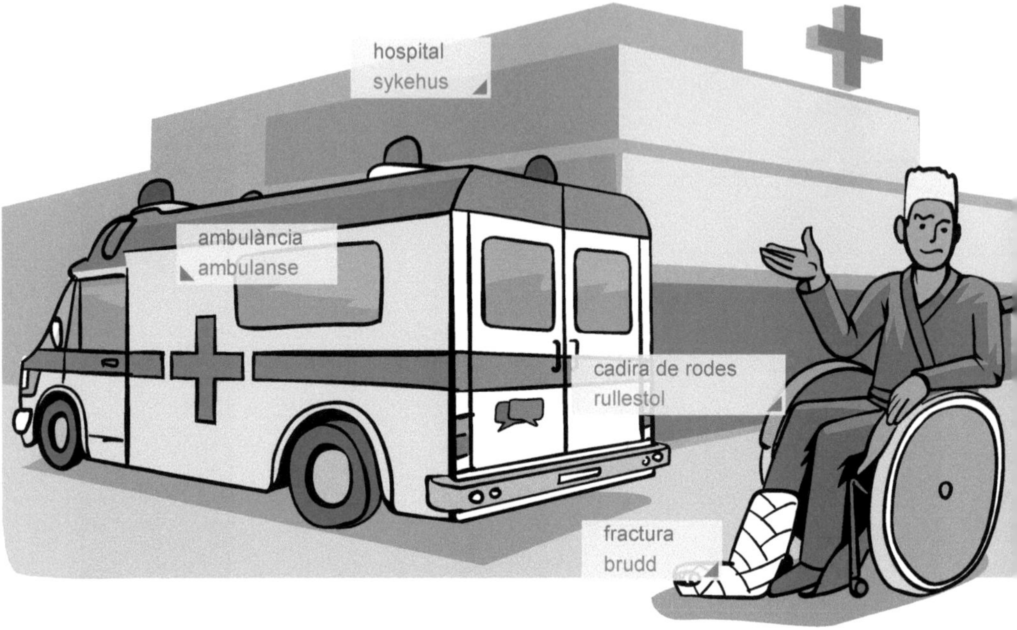

hospital
sykehus
ambulància
ambulanse
cadira de rodes
rullestol
fractura
brudd

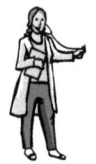

doctora

lege

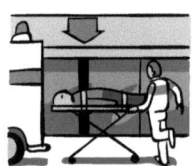

sala d'urgències

akuttmottak

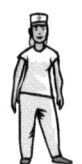

infermera

sykepleier

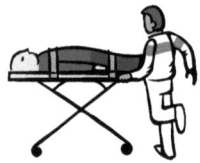

urgència

nødsituasjon

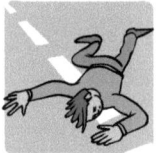

inconscient

bevisstløs

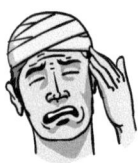

dolor

smerte

ferida

skade

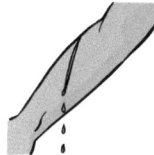

sagnament

blødning

atac de cor

hjerteinfarkt

apoplexia

hjerneslag

al·lèrgia

allergi

tos

hoste

febre

feber

gripa

influensa

diarrea

diaré

mal de cap

hodepine

càncer

kreft

diabetis

diabetes

cirurgià

kirurg

escalpel

skalpell

operació

operasjon

tomografia computada (TC), TAC
....
CT

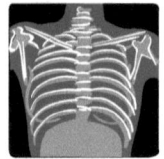

raigs x
....
røntgen

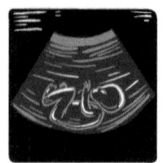

ultrasò
....
ultralyd

mascareta
....
ansiktsmaske

malaltia
....
sykdom

sala d'espera
....
venterom

crossa
....
krykke

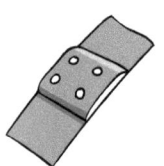

tireta
....
plaster

embenat
....
bandasje

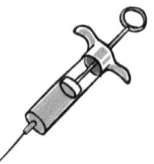

injecció
....
injeksjon

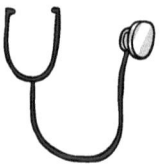

estetoscopi
....
stetoskop

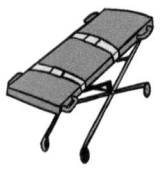

llitera
....
bàre

termòmetre clínic
....
klinisk termometer

pariment
....
fødsel

sobrepès
....
overvekt

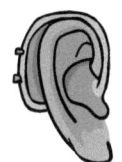

aparell auditiu

høreapparat

desinfectant

desinfeksjonsmiddel

infecció

infeksjon

virus

virus

VIH / SIDA

HIV/AIDS

medicina

medisin

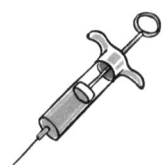

vaccí

vaksinasjon

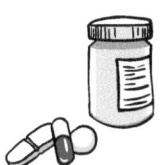

comprimits

tabletter

píl·lola

pille

trucada d'urgència

nødanrop

tensiòmetre

blodtrykksmåler

malalt / sà

syk / frisk

Socors!
Hjelp!

alarma
alarm

assalt
overfall

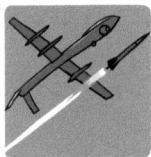

atac
angrep

perill
fare

sortida-eixida d'urgència
nødutgang

Foc!
Brann!

extintor
brannslukker

accident
ulykke

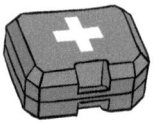

farmaciola de primers
auxilis
førstehjelpsskrin

SOS
SOS

policia
politi

Europa

Europa

Amèrica del Nord

Nord-Amerika

Amèrica del Sud

Sør-Amerika

Àfrica

Afrika

Àsia

Asia

Austràlia

Australia

Atlàntic

Atlanterhavet

Pacífic

Stillehavet

Oceà Índic

Det indiske hav

Oceà Antàrtic

Sørishavet

Oceà Àrtic

Nordishavet

pol nord

Nordpolen

pol sud

Sydpolen

Antàrtida

Antarktis

terra

jorden

país

land

mar

sjø

illa

øy

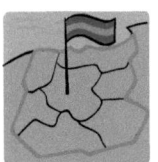

nació

nasjon

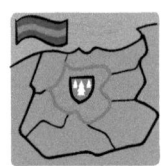

estat

stat

quadrant

urskive

agulla de les hores

timeviser

agulla dels minuts

minuttviser

agulla dels segons

sekundviser

Quina hora és?

Hva er klokken?

dia

dag

temps

tid

ara

nå

rellotge digital

digitalklokke

minut

minutt

hora

time

setmana
uke

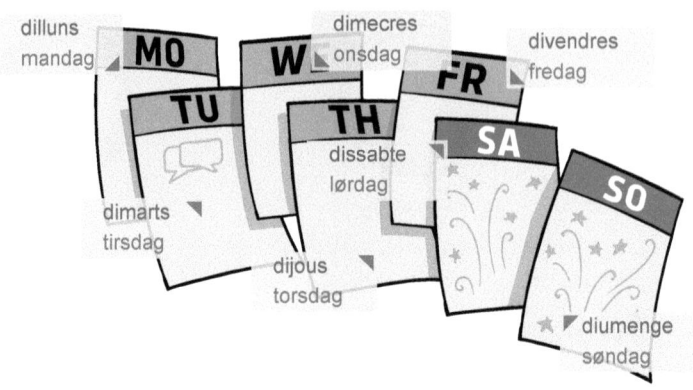

dilluns / mandag — **MO**
dimarts / tirsdag — **TU**
dimecres / onsdag — **WE**
dijous / torsdag — **TH**
divendres / fredag — **FR**
dissabte / lørdag — **SA**
diumenge / søndag — **SO**

ahir
....
i går

avui
....
i dag

demà
....
i morgen

matí
....
morgen

migdia
....
middag

tarda
....
kveld

dia feiner
....
arbeidsdag

cap de setmana
....
helg

any
år

pluja
regn
arc de Sant Martí
regnbue
neu
snø
vent
vind
primavera
vår
tardor
høst
estiu
sommer
hivern
vinter

4.APRIL 11°
5.APRIL 4°
6.APRIL 13°
7.APRIL 8°
8.APRIL 10°

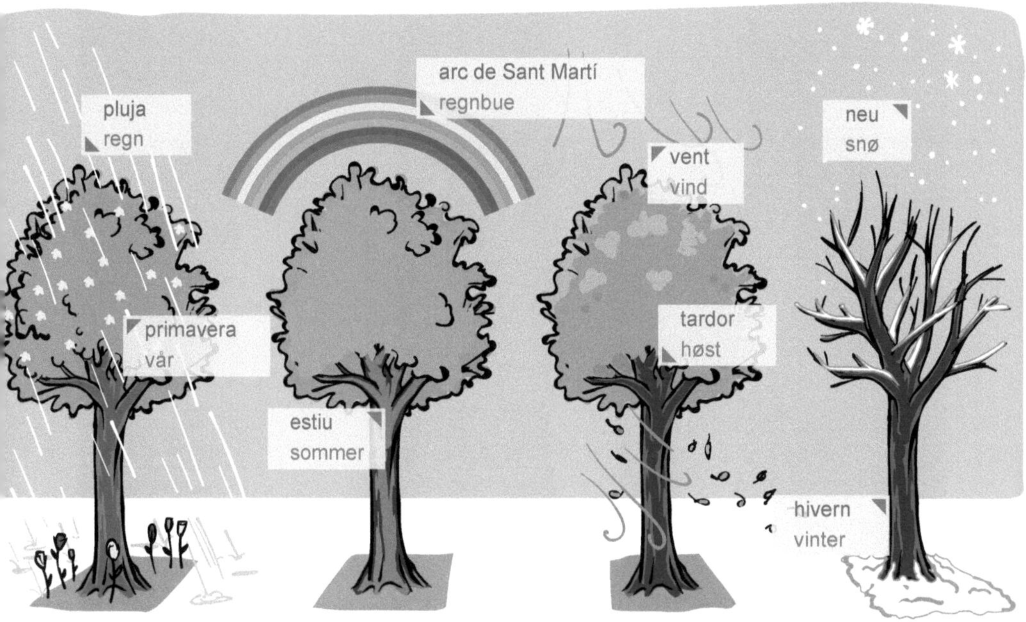

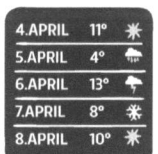

pronòstic del temps

værmelding

F C
120 40
90 30
60 20
30 10
0 0
-30 -10
-20

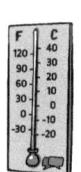

termòmetre

termometer

llum del sol

solskinn

núvol

sky

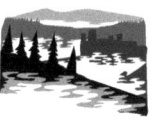

boira

tåke

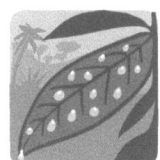

humiditat de l'aire

luftfuktighet

llamp

lyn

tro

torden

tempesta

storm

calamarsa

hagl

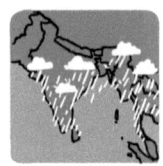

monsó

monsun

inundació

oversvømmelse

gel

is

gener

januar

febrer

februar

març

mars

abril

april

maig

mai

juny

juni

juliol

juli

agost

august

any - år

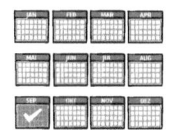

setembre

september

octubre

oktober

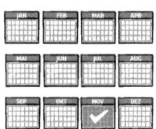

novembre

november

desembre

desember

cercle

sirkel

quadrat

kvadrat

rectangle

rektangel

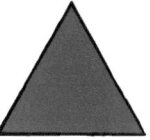

triangle

triangel

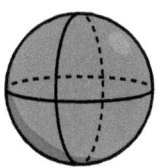

esfera

kule

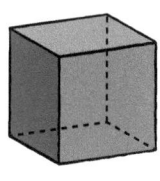

cub

kube

colors
farger

blanc
....
hvit

groc
....
gul

taronja
....
oransj

rosa
....
rosa

vermell
....
rød

lila
....
lilla

blau
....
blå

verd
....
grønn

marró
....
brun

gris
....
grå

negre
....
svart

molt / poc

mye / lite

emprenyat / tranquil

sint / rolig

bonic / lleig

pen / stygg

començament / fi

start / slutt

gran / petit

stor / liten

clar / fosc

lys / mørk

germà / germana

bror / søster

net / brut

ren / skitten

complet / incomplet

fullstendig / ufullstendig

dia / nit

dag / natt

mort / viu

død / levende

ample / estret

bred / smal

comestible / immenjable

spiselig / uspiselig

dolent / amable

ond / snill

entusiasmat / entediat

begeistret / lei

gros / prim

tykk / tynn

primer / darrer

først / sist

amic / enemic

venn / fiende

ple / buit

full / tom

dur / tou

hard / myk

pesant / lleuger

tung / lett

gana / set

sulten / tørst

malalt / sà

syk / frisk

il·legal / legal

ulovlig / lovlig

intel·ligent / ximple

intelligent / dum

esquerra / dreta

venstre / høyre

prop / llunyà

nære / langt unna

nou / usat

ny / brukt

res / quelcom

ingenting / noe

vell / jove

gammel / ung

encès / apagat

på / av

obert / tancat

åpen / stengt

silenciós / sorollós

lavt / høyt

ric / pobre

rik / fattig

correcte / incorrecte

riktig / feil

aspre / suau

ru / glatt

trist / content

trist / glad

curt / llarg

kort / lang

lent / ràpid

langsom / rask

humit / sec - eixut

vått / tørt

calent / fred

varm / lunken

guerra / pau

krig / fred

0

zero

null

1

u

en

2

dos

to

3

tres

tre

4

quatre

fire

5

cinc

fem

6

sis

seks

7

set

sju

8

vuit

åtte

9

nou

ni

10

deu

ti

11

onze

elleve

12

dotze

tolv

13

tretze

tretten

14

catorze

fjorten

15

quinze

femten

16

setze

seksten

17

disset

sytten

18

divuit

atten

19

dinou

nitten

20

vint

tjue

100

cent

hundre

1.000

mil

tusen

1.000.000

milió

million

llengües
språk

anglès

engelsk

anglès americà

amerikansk engelsk

xinès mandarí

mandarin

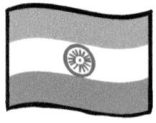

hindi

hindi

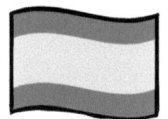

espanyol

spansk

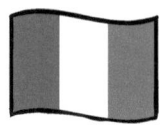

francès

fransk

àrab

arabisk

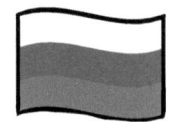

rus

russisk

portuguès

portugisisk

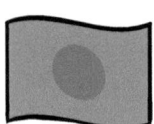

bengalí

bengali

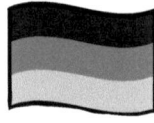

alemany

tysk

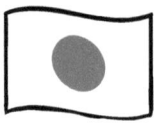

japonès

japansk

jo

jeg

tu

du

ell / ella / allò

han / hun / det

nosaltres

vi

vosaltres

dere

ells

de

qui?

hvem?

què?

hva?

com?

hvordan?

on?

hvor?

quan?

når?

nom

navn

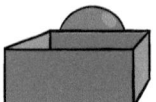

darrere

bakom

en

i

davant de

foran

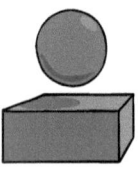

damunt

over

sobre

på

sota

under

al costat

ved siden av

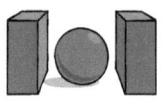

entre

mellom

lloc

sted